ESSAY
DE
PSEAUMES
ET
CANTIQUES.

par Mlle E. S. Chéron
d'après Barbier

ELISABETH SOPHIA CHERON

Uxor Jacobi le Hay. Picturæ, Poeseos, Musicæ, ceterarumque liberalium artium laude, tum omni actione vitæ clarissima. Obiit III. *Non. Septemb: Anno* M.DCCXI. *Vixit annos ad 63.*

A PARIS

Chez P. F. Giffart rue S.t Jâques à l'Image S.te Therese. 1715.

Avec Privilege du Roi.

A
MONSIEUR A*

MONSIEUR,

Vous avez ſouhaité de voir ce petit Ouvrage, je vous l'envoye, & je vous l'offre comme un témoignage de mon zele & de ma reconnoiſſance ; vous qui avez le cœur grand & genereux, vous ne dedaignerez pas une offrande mediocre, parce que vous ſçavez avec quelle ſincerité je vous preſente ce que je puis vous donner. Ce ſeroit icy l'occaſion de vous loüer comme vous le meritez ; mais d'autres perſonnes plus habiles que moy l'ont fait avec ſuccés, & je ne l'entreprendrois pas aprés elles. Au lieu donc de vous arrêter à lire une Epître dedicatoire, j'aime mieux vous dire quelque choſe de cet Ouvrage.

Cecy n'eſt qu'un coup d'eſſay. Quelques Pſeaumes mis en vers ſans aucun deſſein formé de les donner au Public m'ont fait imaginer que les Pſeaumes, avec leur hiſtoire repreſentée par des figures, ſeroient du gouſt de tout le monde : C'eſt ce qui m'a fait hazarder ceux-cy avec les Eſtampes, qui expriment parfaitement le ſujet de chaque Pſeaume. Ceux qui ont leu les Notes & la Paraphraſe de M^r. Ferrand, verront bien qu'il m'a ſervy de guide ; ſans les lumieres de cet excellent homme il auroit eſté mal-aiſé de ne pas s'égarer dans un chemin ſi difficile : vous en jugerez & vous connoîtrez que le ſens du Pſalmiſte eſt rendu fidellement par tout. Que ſi en quelques endroits la penſée eſt plus reſſerrée ou plus étenduë, c'eſt pour luy donner ou plus de force ou plus de grace dans nôtre Langue; cependant on ne ſçauroit dire que la verité en ſoit alterée, & même je ne me ſuis donné cette liberté que par rapport à quelques paſſages de l'Ecriture qui viennent au ſujet, & qui éclairciſſant le ſens ne ſervent qu'à donner une plus parfaite intelligence du Texte. De plus la Poëſie demande quelquefois des licences, elle a ce privilege dans toutes les Langues; & pourveu que ces licences ne corrompent point le ſens, ce ſeroit être injuſte de luy dénier dans la nôtre tous les ornemens qu'elle en peut recevoir: nous perdons aſſez de n'y pouvoir faire ſentir les graces de la langue ſainte; ſes expreſſions outrées à nôtre égard, & ſes redites continuelles, qui ne ſont ni de nôtre uſage ni de nôtre goût, font pourtant des beautez infinies dans l'Original, qui ne peuvent être remplacées que par ce que nôtre Langue a de plus riche & de plus ſublime. Il faut donc s'imaginer le Prophete exprimant ſes penſées en François & non pas en Hebreu. Quoy que tous les hommes puiſſent penſer de même, ils s'expliquent differemment, & ſelon le tour & le genie de leur Langue particuliere. Cependant ce que j'avance icy n'eſt que pour m'excuſer, & non pas pour donner l'idée que je croye avoir touché au but & parfaitement réüſſi dans mon deſſein. J'avoüeray même que ces Paraphraſes ſeroient tres-imparfaites ſans les avis de pluſieurs perſonnes recommandables par leur rang, leur érudition & leur bon goût.

Au reſte, quoy qu'il ſemble qu'il y ait de la temerité à écrire ſur une matiere qui depuis ſi long-tems a exercé les plus ſçavantes plumes, on doit neanmoins conſiderer que tout ce que le ſaint Eſprit a dicté à ſon Prophete eſt un fond inépuiſable, & un ſujet de meditation continuelle pour toutes ſortes de perſonnes : chacun y entre à proportion du genie qu'il a reçû de celuy qui nous demande nôtre cœur de quelque maniere qu'il luy ait plû de le former ; & c'eſt pour cette raiſon qu'on doit regarder ces Paraphraſes comme un ouvrage du cœur plûtoſt que de l'eſprit.

Tel qu'il eſt, c'eſt toûjours un merite pour luy d'avoir donné l'idée à des perſonnes habiles de travailler ſur le même ſujet, qui peut-être ſans cela n'y auroient jamais penſé. Voilà, MONSIEUR, ce que j'ay crû devoir vous dire. Si mon preſent a le bonheur de vous plaire, on jugera avantageuſement de ſa valeur par le juſte prix que vous ſçavez donner à toutes choſes. Vôtre modeſtie cependant me défend de mettre vôtre nom à la tête de ce Livre ; mais ma reconnoiſſance ne ſçauroit conſentir qu'on ignore que je le consacre au plus genereux de tous les hommes, & dont le merite & la probité sont au dessus de sa fortune, quelqu'éclatante qu'elle soit. A ces traits je suis seure qu'on ne peut vous méconnoître : ainsi sans vous nommer tout le monde sçaura à qui je presente cet Ouvrage. Je suis avec beaucoup de respect,

MONSIEUR,

Vôtre tres-humble & tres-obéïssante servante,
* * *.

David admire la grandeur de Dieu et son amour envers les hommes; il predit l'elevation de l'homme Dieu fondée sur ses humiliations.

PSEAUMES DE PROPHETIE.

PSEAUME VIII.

Domine, Dominus noster quàm admirabile est nomen tuum, &c.

David en ce Pseaume admire la grandeur de Dieu & son amour envers les hommes.

O Que ton Nom est admirable
Souverain Seigneur que je sers !
Il retentit en cent climats divers,
Tout fléchit à ce Nom si saint, si venerable,
Que sa grandeur inconcevable
Remplit bien ce vaste Univers !

Jusqu'où sa gloire peut s'étendre,
Tout le celebre, on l'adore en tous lieux :
Mais qui peut l'exalter, ce Nom si glorieux,
Que les Cieux ne peuvent comprendre ?
C'est par la bouche des enfans
Que sa vertu se fait entendre,
Et pour confondre les méchans,
La loüange te plaît dans cet âge si tendre.
Lorsque mes yeux vers le Ciel élevez
Contemplent tes brillans Ouvrages,
Cette source du jour, sans ombres, sans nuages,
Tant de miracles achevez :
Je dis tout transporté de ta grandeur suprême,
Toy, qui te rends present le passé, l'avenir,
Dieu, qui te suffis à toy-même,
L'Homme a-t'il merité d'être en ton souvenir ?
Cet Homme, qui te doit son être,
Et que ta gloire environne aujourd'huy,
De la Terre, & des Mers est reconnu pour Maistre ;
Tes Anges seulement sont au dessus de luy :
Tout ce qu'on voit, & qui respire,
Les plus grands animaux, comme les plus petits,
A ses loix sont assujettis ;

Sur tous les Elemens il étend ſon empire,
Tu le préviens en tout ce qu'il deſire,
Et de tant de bien-faits ſon cœur ſeul eſt le prix.
O bontez de mon Dieu, que ſans ceſſe j'admire!
De voſtre immenſité qui ne ſeroit ſurpris?

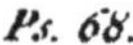

Ps. 68.

Ludovicus Cheron inv. et Sculp.

*David predit la Passion du Fils de Dieu, la re=
probation des Iuifs, et le triomphe de l'Evangile.*

PSEAUME LXVIII.

Salvum me fac Deus, &c.

Ce Pseaume, suivant le sentiment des Peres, est une Prophetie de la Passion de N. S. & des maux que les Juifs se devoient attirer par ce crime. Il nous represente aussi le triomphe de l'Evangile.

MOn Dieu, mon seul espoir, mon unique recours,
Tire-moy de l'abysme où mon ame est plongée,
Par des torrens de maux aujourd'huy submergée,
Elle perit sans ton secours.
Dans ce gouffre d'ennuis ma timide constance
Succombe, & reste sans deffence;
D'une orageuse mer je me vois englouti,
Tous ses flots irritez me roulent sur la teste,
Je cede à la fureur d'une horrible tempeste,
Si par tes mains, Seigneur, je ne suis garenti.

Par des cris redoublez je t'ay porté ma plainte,
Ma gorge en est aride, & mes poulmons sechez;
De mes yeux affoiblis vers les Cieux attachez,
Bien-tôt la lumiere est éteinte.
Objet infortuné de tes justes fureurs,
Je vois mes envieux croistre avec mes malheurs,
Ta rigueur m'abandonne à leur rage inhumaine,
Je deviens le joüet de ces fiers ennemis,
Et tu me fais porter la peine
Des crimes odieux, que je n'ay point commis.

Tu sçais si mon ame est coupable
De ces crimes si noirs, qui me sont reprochez;
Tu sçais, mon Dieu, tu sçais si j'ay part aux pechez,
Dont tu veux que le poids m'accable.
Souffriras-tu dans mes adversitez
Qu'à mon occasion les tiens persecutez
Soient couverts d'opprobre & de honte?
Verront-ils dans les maux dont je suis dévoré
Lorsque la douleur me surmonte,
Que je t'auray, Seigneur, vainement imploré?

Cependant accablé d'une peine si dure
Seul, j'ay d'un criminel le coupable renom,
Et c'est pour soûtenir la gloire de ton nom
Que je me vois en butte aux traits de l'imposture.
Au comble du malheur où je suis parvenu,
Jusques dans mon païs je deviens inconnu,
Tout redoute, tout fuit l'excez de mes miseres;
En cet état funeste où tu m'as condamné,
De mes plus chers amis je suis abandonné,
Et je suis étranger entre mes propres freres.

C'est pour ta loy, Seigneur, que mes jours menacez
Reveillent la fureur de ceux qui te haïssent,
Et leurs traits criminels contre toy seul lancez
Sur ma teste se réünissent.
Sous un cilice affreux je me suis déchiré,
Pour flechir ton courroux j'ay gemy, j'ay pleuré,
Mais ta colere encor ne s'est point appaisée;
Tes ennemis sans cesse augmentent mes tourmens,
Et parmi leurs festins, & leurs dereglemens,
Mes pleurs, & mes sanglots leur servent de risée.

Pour croiſtre mes douleurs ils changent de projet,
Feignant de rallentir leur barbare furie,
Dans tous les lieux publics ils me font le ſujet
D'une inſolente raillerie.
J'ay prié cependant, & je n'ay point ceſſé
Dans les ennuis qui m'ont preſſé,
De t'addreſſer la voix de mon ame abbatuë,
Ne permets pas, Seigneur, que mes ſoûpirs ſoient vains,
Et quand vers toy je tends les mains,
Arreſte le coup qui me tuë.

Exauce-moy, mon Dieu, dans mes malheurs preſſans,
Selon la verité de ta ſainte promeſſe,
Fais-moy ſentir encor les effets tout-puiſſans
D'une paternelle tendreſſe.
S'il eſt vray que les affligez
Par ta bonté ſont protegez,
Viens, empêche que je ne meure :
Parois en ma faveur comme un ſoleil nouveau,
Ne ſouffre pas que je demeure
Dans l'obſcurité du tombeau.

Du plus mortel ennuy mon cœur est consumé,
Seigneur, écoute enfin mon ardente priere,
Daignes du gouffre obscur, où je suis abysmé,
Me rapeller à la lumiere;
Que l'antre affreux où je me voy
Ne se referme point sur moy,
Tends moy cette main secourable;
Helas! dans mes douleurs, haï, persecuté,
Le Dieu, de qui je tiens la vie & la clarté,
Me refusera-t'il un regard favorable?

Ecarte les sombres horreurs
Où mon ame aujourd'huy se trouve ensevelie,
Détruis tes ennemis, & mes persecuteurs,
Si tu veux me rendre à la vie.
Accablons, disent-ils, sa tremblante vertu,
Que rebuté d'avoir vainement combattu
Au plus noir desespoir il s'abandonne en proye.
Ah, Seigneur! tu connois ceux qui me font souffrir,
Oste-leur la coupable joye
De penser que ton bras ne me peut secourir.

J'eſperois qu'attendri de mes douleurs ameres,
Quelqu'un viendroit s'offrir pour eſſuyer mes pleurs,
Qu'un charitable amy touché de mes malheurs,
Voudroit bien avec moy partager mes miſeres :
Mais loin d'avoir trouvé cet eſperé ſecours,
Tous ont à leurs fureurs ſacrifié mes jours,
J'ay ſenti tous les traits de leur mortelle rage ;
Victime de ces inhumains,
De vinaigre, & de fiel leurs ſacrileges mains
M'ont offert un cruel breuvage.

Pour prix de leurs forfaits qu'ils perdent la raiſon,
Qu'en leurs propres filets trébuchent ces Perfides,
Qu'au milieu des feſtins un funeſte poiſon
Devienne l'aliment de tous ces Parricides :
Pour augmenter encor leur juſte châtiment,
Qu'ils meurent endurcis dans leur aveuglement,
Que l'infernale nuit dans une épaiſſe nuë
De leur ſuperbe eſprit offuſque la clarté,
Que l'immuable verité
De ces barbares cœurs ne ſoit jamais connuë.

Par tes foudres vangeurs qu'ils ſoient exterminez,
Que la ſeverité d'une exacte juſtice
S'exerce aux yeux de tous ſur ces cœurs obſtinez,
A leurs plus grands forfaits égale leur ſupplice.
De ces hommes de ſang dépeuple l'Univers,
Que leurs vaſtes citez ſoient de vaſtes deſerts,
Et parce qu'en mes maux, redoublans leur furie
Par eux mille tourmens ſur moy ſont entaſſez,
Que des ſacrez cahiers de ton Livre de vie
Leurs deteſtables noms ſe trouvent effacez.

Quant à moy que leur rage extrême
Avoit enſevely dans l'ombre de la mort,
Vainqueur par ton ſecours de ſon cruel effort
Je triomphe de la mort même.
O mort! où ſont tes traits, ces homicides dards
Que tu lances de toutes parts?
Impuiſſante aujourd'huy ta force t'abandonne,
Tu fuis le jour naiſſant dont l'éclat te détruit,
Et tu vois diſſiper ton effroyable nuit,
Par la gloire qui m'environne.

Mon Dieu, qui m'as presté des secours si puissans,
Quelles graces rendray-je à tes bontez propices ?
Dois-je sur tes Autels faire fumer l'encens,
Ou de jeunes taureaux t'offrir les sacrifices ?
Ah ! Seigneur, la Victime agreable à tes yeux
C'est un cœur consumé de ce feu precieux
Dont tu brusle le Chœur des Anges,
Le mien tout pénetré de ces vives ardeurs
Plein de tes suprêmes grandeurs,
T'offre d'immortelles loüanges.

Mais vous, qui m'avez veu dans mes adversitez,
Et qui me contemplez dans ma gloire nouvelle,
Joignez à mes transports l'ardeur de vostre zele,
Justes, du Tout-puissant adorez les bontez.
Que tout ce qui respire en toute la natur,
Que la terre, les airs, que toute creature
Que renferme en son sein le liquide élement,
Que des rapides cieux la parfaite harmonie,
L'astre qui fait les jours, les feux du firmament,
Tout celebre à l'envi sa grandeur infinie.

C'eſt luy qui doit bien-tôt aux yeux de l'Univers
De ta captivité finir les dures peines,
Sion, tes ennemis, qui te chargent de fers,
Gemiront à leur tour ſous le poids de tes chaînes.
Dans tes débris affreux tes murs enſevelis,
Superbes, de ſa main ſe verront rétablis,
Tes Autels abatus, tes Palais, tes Portiques
Relevez de nouveau dans les tems à venir,
De ſon fameux ſecours monumens authentiques
En éterniſeront l'éclatant ſouvenir.

Dieu foudroie l'armée des Philistins, pendant que celle de David est à l'abri de l'orage.

PSEAUME XVII.

Diligam te Domine, &c.

David rend graces à Dieu aprés la victoire qu'il remporta ſur les Philiſtins. Il y dépeint le Jugement dernier.

MOn Dieu, ma force, mon ſecours,
Puiſque c'eſt en toy que j'eſpere,
C'eſt à toy ſeul que je veux plaire,
Seigneur, je t'aimeray toûjours.
Quand mes ennemis pleins de rage
Fondoient ſur moy comme un orage,
De tout eſpoir abandonné
Je diſois : Seigneur je te prie
Aujourd'huy conſerve ma vie,
C'eſt un bien que tu m'as donné.

De la mort les douleurs cruelles
M'environnoient de toutes parts ;
Contre moy quels funeſtes dards
Ont armé des mains criminelles ?
Dans ces dures extremitez
Portant les yeux de tous côtez,
Du trépas la terrible image
Par tout ſe preſentoit à moy ;
Le peril, l'horreur & l'effroy
Par tout me fermoient le paſſage.

Au fort d'un danger ſi preſſant,
Invoquant un Dieu ſecourable,
Je pouſſois ma voix lamentable
Juſqu'au Trône du Tout-puiſſant ;
Il a de ſa demeure ſainte
Favoriſé ma juſte plainte :
Touché de mes cris, de mes pleurs,
Lorſque ma force eſt épuiſée,
Sa colere s'eſt embraſée
Contre mes barbares vainqueurs.

A ſa

À ſa voix la terre agitée
Tremble juſques aux fondemens ;
La mer mugit, & par les vents
Juſqu'au ciel la vague eſt portée :
Ses regards enflamment les airs,
Les tonneres, & les éclairs
Combattent l'épaiſſeur des ombres ;
Au milieu de l'obſcurité
Dieu deſcend, & ſa majeſté
Se couvre de nuages ſombres.

Le voicy, coupables humains ;
Dans le ſein de la nuë humide ;
Il fend les airs d'un vol rapide
Sur les aîles des Cherubins :
Les éclairs, qui de ſes yeux partent ;
Déja les nuages écartent ;
La greſle, les charbons ardens
Rempliſſent les airs, & la terre
Contre ceux qui me font la guerre ;
S'uniſſent tous les élemens.

Parmi des éclats effroyables
Ses bruïans foudres allumez,
Comme des ſerpens enflamez,
Tombent ſur les teſtes coupables.
Les foreſts, les monts renverſez
Peſle-meſle ſon entaſſez,
Des fleuves les ſources cachées
Laiſſent voir dans le fonds des mers
Les fondemens de l'Univers
Sur leurs arenes deſſeichées.

Mais tandis que le Tout-puiſſant
Sur l'ennemy, qui plein d'envie
Pourſuit les reſtes de ma vie,
Leve le foudre menaçant :
Du haut de ſon Trône adorable
Il me tend ſa main ſecourable,
Et ſe rendant mon protecteur,
Sa force ſoutient ma foibleſſe,
Et lorſque le malheur me preſſe,
Il détruit mon perſecuteur.

Quand ſon bras a pris ma deffence ;
Et qu'il me ſauve du trépas ,
Quand ſa bonté guide mes pas
C'eſt qu'il protege l'innocence :
Heureux , & dans l'adverſité
J'ay toujours ſuivi l'équité ;
Il connoiſt qu'à ſa Loy ſacrée
Mon humble cœur toujours ſoumis
A regardé comme ennemis
Ceux qui ne l'ont point reverée.

Par luy les Juſtes protegez
Trouvent la fin de leurs miſeres
Dans leurs peines les plus ameres
Il conſole les affligez ;
Aux bons il ſe rend favorable ,
Mais l'homme orgueilleux , & coupable ,
Qui s'obſtine dans ſon erreur ,
Le trouvera juge ſevere ,
Dieu le rendra dans ſa colere
La victime de ſa fureur.

Dieu des Cieux, que Jacob adore ;
Mes yeux de douleur obſcurcis
Par toy ſe trouvent éclaircis,
Parce que c'eſt toy que j'implore :
Auſſi de tous abandonné,
De tenebres environné
Dans les peines les plus cruelles,
Sur toy ſe fondoit mon eſpoir,
Et ſans ceſſe tu m'as fait voir
Que tes promeſſes ſont fidelles.

Quel Dieu pouvoit nous ſecourir,
Qui fût à nôtre Dieu ſemblable ?
Dans un peril inévitable
Quel bras a ſceu nous garentir ?
N'eſt-ce pas celuy qui propice
M'a retiré du precipice ;
Qui dans les plus cruels dangers,
Pour fuïr l'injuſte violence,
Donne à mes pieds la diligence
Des animaux les plus legers ?

Par luy mes mains furent formées
Aux exercices dangereux;
Dans les perils les plus affreux
Par luy mes mains furent armées:
D'un arc d'airain dans les combats
Il donne la force à mon bras,
Il m'inſtruit dans l'art de la guerre,
Tous mes ennemis ſont domptez,
C'eſt par luy que ſont ſurmontez
Les plus fiers peuples de la terre.

Ils ont beau, par des cris perçans,
Pouſſer au Ciel leur voix plaintive,
Dieu n'a point l'oreille attentive
A la priere des méchans.
Auſſi mépriſant leur faux zele
Il ſoumet ce peuple infidele
Aux loix que je luy preſcriray:
Pour cette grace memorable
Par toute la terre habitable
Sans ceſſe je le benirai.

PSEAUME XLIX.

Deus Deorum Dominus, &c.

Quelques-uns attribuent ce Pseaume à Asaph, d'autres à Jeremie, il contient une description du Jugement dernier.

CEluy qui fit la Terre & l'Onde,
Le souverain Maître des Rois
Vient de faire entendre sa voix
Jusqu'aux extrêmitez du monde.
Parmi les éclairs allumez
De ses tourbillons enflamez
Il lance un foudroyant tonnerre,
La terreur marche devant luy;
Pecheurs tremblez, c'est aujourd'huy
Qu'il descend pour juger la Terre.

Du haut des Cieux ſont appellez
Les miniſtres de ſa vengeance ;
Par eux les hommes aſſemblez
Vont oüir leur juſte ſentence :
Accourez timides mortels,
Et vous qui ſervez ſes Autels
Ecoutez ſa voix redoutable :
Je ſuis Dieu, dit-il, vôtre Dieu ;
Voicy le tems, voicy le lieu,
Où je vay punir le coupable.

Ces holocauſtes faſtueux,
Que vous m'offrez en ſacrifice ;
Vos hecatombes ſomptueux
Vers vous me rendront-ils propice ?
Bois-je le ſang que vous verſez,
Et de vos troupeaux engraiſſez
Devoray-je la chair fumante ?
Inſenſez & foibles humains,
Ce que vôtre main me preſente
N'eſt que l'ouvrage de mes mains.

J'ay créé tout ce qui respire,
Maître de ce vaste Univers,
Les brûlans étez, les hyvers,
Tout releve de mon Empire,
Ay-je besoin de vos presens,
Vos victimes & vôtre encens
Sont-ils une assez digne offrande ?
Toute la terre est sous ma loy,
Et de ce tout qui n'est qu'à moy
C'est vôtre cœur que je demande.

Le sacrifice que je veux
C'est une loüange immortelle;
Mais je n'accepte point les vœux,
Qui partent d'une ame infidelle.
Toy qui par un esprit trompeur
Sous l'appas d'un dehors menteur,
Des innocens fais tes victimes,
Dis-moy pourquoy profanes-tu
Dans ta bouche pleine de crimes
Le sacré nom de la vertu ?

Hypocrite, dont l'injuſtice
Se repoſe ſur ma bonté,
Penſes-tu que l'impunité
Soit pour autoriſer le vice?
Peux-tu croire que l'Eternel
Reſſemble au coupable mortel?
Mechant aprens à me connoître,
Que ton châtiment faſſe voir
Quel rapport il y peut avoir
Du neant au ſouverain Eſtre.

PSEAUME LIV.

Exaudi Deus orationem meam, &c.

David composa ce Pseaume au commencement de la conjuration d'Absalon, il s'y plaint de la trahison d'Achitophel son ami.

ANeanty par mes malheurs
Le cœur consumé de tristesse,
Seigneur, je t'invoque sans cesse,
Entens la voix de mes douleurs.
Mon ame affligée, abbatuë,
Dans le noir chagrin qui me tuë,
Se trouble d'un mortel effroy,
Mes ennemis remplis d'envie
Vont accabler ma triste vie,
Et la mort se presente à moy.

De la fureur qui les devore
Ces fiers ennemis embrasez
M'accusent tous les jours encore
De mille crimes supposez.
Pressez par l'horreur & la crainte
Je t'adresse ma juste plainte,
Je dis dans mes transports divers,
Ah ! Seigneur, que n'ay-je les aîles
Des plus legeres Tourterelles
Pour me sauver dans les deserts.

Là je verrois loin des allarmes,
Malgré mes malheurs obstinez,
Sous d'autres Cieux plus fortunez
Tarir la source de mes larmes.
Mais plûtost rends vains les projets
De mes infideles sujets ;
Que leurs sentimens se divisent ;
Que de leurs crimes aveuglez
Les uns par les autres troublez,
Bien-tost leurs forces se détruisent.

Depuis que mon malheur cruel
Précipita leur violence,
Que je ceday ſans reſiſtance
A leur attentat criminel,
On a vû couronner le vice,
La tromperie & l'injuſtice;
Par eux l'honneur eſt combattu;
Le bon droit devient leur victime,
On voit enfin regner le crime,
Où l'on vit regner la vertu.

Encor ſi celuy qui m'outrage
Hautement ſe fût declaré,
J'euſſe trouvé contre ſa rage
Peut-être un azile aſſeuré:
Mais c'eſt toy, mon amy, que j'aime,
Toy qui fus un autre moy-même,
Qui ſçais les ſecrets de mon cœur;
C'eſt toy, qui plein de perfidie,
Pour m'accabler par la douleur
Le premier attaque ma vie.

Dieu vengeur de la verité
Qui connois ces Ames perfides,
Pour détruire l'iniquité
Détruis leurs langues parricides,
Qu'ils gemissent sous leurs forfaits,
Que de tant de maux qu'ils m'ont faits
Ils reçoivent la juste peine,
Privez de l'immortel flambeau
Qu'ils tombent chargez de ta haine
Tous vifs dans un affreux tombeau.

Cependant, Seigneur, je t'implore
Sans cesse j'attens ton secours,
Et quand je voy naître l'aurore,
Et quand je voy finir les jours;
L'Astre qui donne la lumiere
Est au Midy de sa carriere
Témoin des pleurs que je repans:
Mais mon attente n'est point vaine,
Seigneur, tu fis naître ma peine,
Tu feras cesser mes tourmens.

Pour ces méchants, qui me haïssent,
De leurs discours envenimez
On voit tous les traits enflamez
Qui contre eux-même réjalissent.
Seigneur, de ces hommes pervers
Purge, dépeuple l'Univers,
Retranche leurs longues années,
Qu'ils périssent dans leurs beaux jours,
Qu'on voye au milieu de leurs cours
Leurs méchancetez terminées.

PSEAUME

PSEAUMES LXII et CXLII.

PSEAUME LXII.

Deus Deus meus ad te de luce vigilo , &c.

David composa ce Pseaume dans le desert de Galaad, où il s'étoit retiré pendant la rebellion d'Absalon.

Divine source de plaisirs
Seigneur, que mon amour implore,
Dés la naissance de l'aurore
Je t'offre mes ardens soûpirs ;
Mon cœur seche dans ces desirs,
Eteins le feu qui le devore.

Comme une terre que la pluye
N'humecte plus depuis long-tems,
Ainsi plein de soucis cuisans,
Dans cet exil où de ma vie
Coulent les déplorables ans,
Mon ame languit & s'ennuye.

Soulage le mal qui me presse ;
Dans la misere où je me voy ,
Encor qu'abbatu de tristesse
Mon cœur ne respire que toy ;
Sans cesse il médite ta loy ,
Ma bouche te benit sans cesse.

❦

Quand la nuit chassant la lumiere
Dérobe à nos yeux l'Univers ,
Accablé de soucis divers
Vers toy j'adresse ma priere ,
Lors tu dessilles ma paupiere ,
Et tes secrets me sont ouverts.

❦

Je voy sous ton aîle propice
Mes jours protegez , défendus :
Je connois que par leur malice
Tous mes ennemis confondus ,
Dans les pieges qu'ils m'ont tendus
Trouveront un juste suplice.

❦

Pour en conſerver la memoire,
Que tous les hommes deſormais
Racontent ce qu'ils n'ont pû croire,
Qu'ils diſent que par tes biens-faits
David, qui n'aima que ta gloire,
Eſt au comble de ſes ſouhaits.

Ps. 78.

Nabucodonosor aïant pris, pillé, et saccagé Jerusalem, em=
mene le reste des Juifs captifs en Babylone.

PSEAUMES DE LA CAPTIVITE.

PSEAUME LXXVIII.

Deus venerunt Gentes in hæreditatem, &c.

L'on croit que ce Pseaume fût composé par Aggée ou Zacharie, qui furent emmenez en Babylone avec le reste des Juifs. Ils y déplorent la ruine de Jerusalem & les miseres de leur captivité.

Es Barbares, Seigneur, sont dans ton heritage,
A leurs prophanes loix ton saint Temple est soumis,
La captive Sion est enfin le partage
De ses plus mortels ennemis.

Ses Palais ſont détruits, ſes tours ſont renverſées,
De ſes ſuperbes murs les pierres diſperſées
Offrent à ces cruels des triomphes nouveaux,
Tes Saints ſont égorgez, leurs corps ſans ſepulture
Aux lions affamez ont ſervy de pâture,
Et de nourriture aux corbeaux.

Leur ſang qu'à gros torrens nous avons vû répandre
Baignoit le pied de nos remparts,
Et leurs corps mutilez indignement épars
Attendoient des devoirs que nous n'oſions leur rendre :
Helas! infortunez nous étoit-il permis
De porter au tombeau nos freres, nos amis,
Quand nos cruels Tyrans nous défendant la plainte
Nous forçoient à diſſimuler,
Et par la menace & la crainte
Empêchoient nos pleurs de couler.

Nous ſommes devenus l'opprobre de la terre,
Nos voiſins autrefois par nous humiliez
Inſolens aujourd'huy nous foulent à leurs pieds,

Et par des traits mocqueurs nous declarent la guerre,
Jusques à quand, Seigneur, sans espoir de secours.
Prolonge-tu nos tristes jours ?
Ne cesseras-tu point de punir nos offenses ?
Nos tourmens sont-ils éternels ?
Et devois-tu choisir tes ennemis cruels
Pour ministres de tes vengeances ?

Que ne fais-tu sentir tes redoutables coups
A ceux qui de tes loix n'ont point de connoissance
A ces peuples, qui loin d'invoquer ta puissance,
Par leurs impietez provoquent ton courroux :
Ces barbares, qui pleins d'une brutale joye
Aux plus affreux malheurs nous ont livrez en proye,
Qui superbes & triomphans
Dans ton Temple portant leur rage sanguinaire,
Jusqu'en ton propre Sanctuaire
Ont comme des lions devoré tes enfans.

De nos pechez passez efface la memoire,
Viens nous empêcher de perir ;
Il en est tems, Seigneur, daigne nous secourir,

Il y va de ta propre gloire :
Fais paroître à nos ennemis
Ce ſecours eſperé que tu nous a promis.
Tu vois nôtre miſere extrême,
Ranime donc nôtre foible vertu,
Releve de Jacob le courage abbatu,
Et viens briſer nos fers pour l'amour de toy-même.

Ne ſouffre pas qu'encor ces inſenſez
Oſent nous reprocher dans leurs diſcours impies,
Qu'eſt devenu le Dieu, dont vous nous menacez ?
Ses fureurs contre nous ſont-elles aſſoupies ?
Punis ſur ces méchans ce blaſpheme odieux,
Fais éclater ta vengeance à nos yeux,
Viens leur faire ſentir cette fureur puiſſante :
Entens les cris des tiens gémiſſans dans les fers,
Du ſang de tes Elûs entens la voix preſſante,
Viens, vange-nous, Seigneur, de tant de maux ſouferts.

Tu ſçais que nôtre mort quelque temps differée
Doit aſſouvir leurs cruautez,

Ah ! ſi par toy nos cris ne ſont point écoutez
C'en eſt fait, dans ce jour nôtre perte eſt jurée.
Préviens leurs deſſeins malheureux,
Tous ces maux preparez, qu'ils retombent ſur eux,
Qu'ils ſentent doublement la peine meritée ;
Délivre ton troupeau des portes du trépas,
Et nous ayant ſauvez par l'effort de ton bras,
Qu'à jamais dans Sion ta gloire ſoit chantée.

Les Iuifs captifs en Babylone, refusent de chanter les cantiques du Seigneur dans une Terre étrangere.

PSEAUME CXXXVI.

Super flumina Babylonis, &c.

Ce Pseaume fut composé par quelque Prophete dans les premiers tems de la Captivité de Babylone.

ASsis sur l'orgueilleuse rive
Où Babylone regne & voit couler mes pleurs,
Captifs nous déplorions tes funestes malheurs,
Triste Sion, miserable captive :
Nos harpes, nos hautboits aux saules suspendus
Muets n'étoient plus entendus :
En vain nos durs vainqueurs enflez de leur victoire
Se flatoient d'en oüir les agreables sons,
Chantez-nous, disoient-ils, ces celebres chansons
Qui de vôtre Sion jadis vantoient la gloire.

Helas ! leur disions-nous, par ces cruels mépris,
Pourquoy renouveller nos douleurs assoupies ?
Ces cantiques si saints les avons-nous appris
Pour estre prophanez en des terres impies ?
Déplorable Sion, si jamais l'avenir
De tes cruels malheurs m'ôte le souvenir,
Que sur nos luths sacrez mes doigts s'appesantissent,
Que la langue me reste attachée au palais,
O Jerusalem, si jamais
Sur ces bords étrangers tes concerts retentissent.

O, Seigneur ! souviens-toy que les enfans d'Edom,*
Au jour de ta colere exerçans leur furie,
Jusques dans le lieu saint blasphemant ton saint Nom,
Crioient, exterminez, desolez leur patrie :
Sous ces fameuses tours, sous ces murs démolis
Que tous ces habitans restent ensevelis,
Qu'en des fleuves de sang se changent leurs rivieres;
Que leur Autels soient abatus,
Et que Jerusalem ne se remarque plus
Que par de vastes cimetieres.

Toy qui nous fais gemir ſous le poids de tes fers ;
Babylone ſuperbe en ta rage cruelle,
Qui pourra nous vanger de tant de maux ſouffers ?
Qui prendra contre toy nôtre juſte querelle ?
Qu'il ſoit remply de biens, qu'il ſoit comblé d'honneur
Celuy qu'a choiſi le Seigneur,
Pour livrer à ſon bras tes villes embraſées,
Qu'il arrache tes fils de leur ſein maternel,
Que verſant leur ſang criminel,
Tes pierres en ſoient arroſées.

* Edom nom d'Eſaü frere de Jacob & pere des Iduméens, qui ſe liguerent avec les Babyloniens dans la premiere deſtruction de Jeruſalem.

Un Prophete captif chez les Babyloniens, tourne ses yeux vers les Saintes Montagnes de Jerusalem, ou etoit le Temple du vrai Dieu, dont il attendoit tout son secours.

PSEAUME CXX.

Levavi oculos meos in montes, &c.

Ce Pseaume est encore de la Captivité.

VErs les monts élevez où Dieu se fait entendre
Mes yeux sont arrestez;
C'est d'où vient le secours qu'Israël doit attendre
De ses rares bontez.
Il ne permettra point qu'une erreur malheureuse
Precipite nos pas,
Et qu'en l'égarement d'une nuit tenebreuse
Nous trouvions le trépas.
Il remplira l'espoir qu'avec tant d'asseurance
En luy nous avons mis,
Et nous sera toûjours une seure défense
Contre nos ennemis.
Soit que l'ardent Soleil, ou que la froide Lune
Eclaire l'Univers,
Nous n'éprouverons point l'influence importune
De leurs aspects divers.

Dans ces tristes deserts loin de nôtre patrie
Il sera nôtre apuy,
Et sçaura garentir & conserver la vie
Que nous tenons de luy.

PSEAUME

Ps. 41

Le Prophete affligé de la longue captivité du Peuple Iuif, soupire apres sa delivrance, comme un Cerf lassé soupire apres l'eau d'une fontaine.

PSEAUME XLI.

Quemadmodum Cervus, &c.

Il semble que ce Pseaume ait été composé vers le commencement de la captivité de Babylone par quelque Prophete qui avoit vû le premier Temple, & qui souhaitoit voir le second.

COmme le cerf lassé loin des ruisseaux soupire,
Tout de même, mon Dieu,
Mon cœur brûle aprés toy, mon ame te desire,
Et te cherche en tout lieu,
Pour éteindre en mon cœur cette soif violente,
O, Seigneur! permets moy
De puiser dans ces eaux, dont la source abondante
Ne se trouve qu'en toy.
Penetré de douleurs, plein de tristes alarmes
Je pleure incessamment,
Mes soûpirs enflamez, & les eaux de mes larmes
Me servent d'aliment.

Nos maîtres inhumains me demandent ſans ceſſe
Qu'eſt-il donc devenu
Ce Dieu qui te protege, & qui de ſa promeſſe
Ne s'eſt point ſouvenu.
A ces mots j'ay recours aux ſanglots, à la plainte;
Souvenirs trop cruels !
Je rappelle les tems que dans ta Maiſon ſainte
J'encenſois tes Autels.
Je repaſſe ſouvent dans ma triſte memoire
Ces chants melodieux,
Dont autrefois Jacob ſolemniſoit la gloire
Du Monarque des Cieux.
Je compare ces tems à l'extrême miſere
Où je me vois reduit ;
Lors je reſte accablé d'une douleur amere,
Et tout eſpoir me fuit.
Je ſens qu'à chaque inſtant ma force diminuë,
Languiſſant, abbatu,
Mon ame n'agit plus, & n'eſt plus ſoûtenuë
De ſa foible vertu.
Mais pourquoy t'affliger, ô mon ame étonnée !
Nôtre plus cher treſor,
Sion, qui loin de nous gemit abandonnée

Nous la verrons encor.
Ah ! trop frivole espoir qui flatte nos miseres,
Desirs vains, superflus,
Nôtre Dieu qui jadis favorisa nos peres
Ne nous écoute plus.
De même qu'un abîme attire une autre abîme,
Nôtre malheur est tel
Qu'il succede à soy-même, & comme nôtre crime
Il devient immortel.
Mon cœur percé d'ennuis succombe sous l'orage,
Qui vient fondre sur moy,
Et ma triste raison ne connoît plus l'usage
De ton auguste Loy.
Donne-nous quelque espoir de ce jour favorable
De nous tant souhaité,
Où Sion doit sortir de l'état déplorable
De sa captivité.
Esclave que je suis j'exalteray ta gloire,
Et dans mes chants divers
De tes biens-faits reçûs durera la memoire
Autant que l'Univers.
Que ton oubly, Seigneur, ne soit plus de ma plainte
Le sujet malheureux,

Que je ne marche plus environné de crainte
Dans ces lieux tenebreux.

Pourrois-je entendre encor, le cœur plein d'amertume,
Confus, humilié,
Son Dieu dort à ſes cris, & ſelon ſa coûtume
Il en eſt oublié.

Reprenons, ô mon ame, une force nouvelle,
Mon Dieu reçoit mes vœux,
Encor je beniray ſa bonté paternelle
Dans ſon Temple fameux.

PSEAUME LXIV.

Te decet hymnus in Sion, &c.

Ce Pseaume fut composé dans la captivité de Babylone.

IL est juste, Seigneur, que ta loüange éclate
En toute Nation,
Quand ton peuple sorty de cette terre ingratte
Habitera Sion.
Daignes remplir nos vœux & soulage nos peines,
Nous faisant esperer
Qu'aux pieds de tes Autels délivrez de nos chaines
Nous pourrons t'adorer.
Il est vray, nos pechez dont le poids nous accable
Nous retiennent icy;
Mais pardonne, Seigneur, ton peuple miserable
Implore ta mercy.
Heureux qui par ton choix dans ta demeure sainte
Verra couler ses jours,

Heureux qui de ces lieux plein d'horreur & de crainte
S'éloigne pour toûjours.
Toy, qui des plus hauts monts rends la baſe ſolide,
Qui du fond de la mer
Fais remonter les flots d'un mouvement rapide,
Et qui les ſçais calmer.
Fais voir aux Nations qui cauſent nos miſeres
Tes miracles divers;
Montre leur que celuy qui protegea nos peres
Gouverne l'Univers:
Que ta grace, Seigneur, réjoüiſſe nôtre ame,
Depuis que le Soleil
Nous amene le jour, juſqu'à ce que ſa flame
Faſſe place au ſommeil.
Que des humides Cieux les ſources bien-faiſantes
Arroſent nos ſillons;
Que le fameux Jourdain de ſes eaux abondantes
Inonde nos vallons.
Puiſſions-nous voir encor nos feconds patûrages
Et nos côteaux fleuris;
Puiſſions-nous retrouver nos prez remplis d'herbages
Et voir nos fruits meuris.
Que comblant de tes biens la terre fortunée

Qui fait tout nôtre eſpoir
Nous puiſſions nous flatter que cette même année
Nous pourrons la revoir.
Augmente à l'infiny dans ces lieux deſirables
Nos troupeaux engraiſſez,
Et que parmy ces biens nos malheurs déplorables
Se trouvent effacez.

Ps. 73

Dans la prise de Jerusalem Nabucodonosor fait égorger les Prestres du Seigneur jusques sur l'Autel.

PSEAUME LXXIII.

Ut quid Deus repulisti , &c.

Ce Pseaume a esté fait dans les derniers tems de la captivité de Babylone.

POurquoy dans les ennuis d'une longue souffrance
Bannis, infortunez,
Nous laisse-tu, Seigneur, si loin de ta presence
Aux pleurs abandonnez ?
Ne te souvient-il plus que Sion te fut chere,
Que malgré son malheur
Encor de ce troupeau, l'objet de ta colere
Toy-même es le Pasteur,
Sion qui fut à toy, Sion si florissante
Dans sa prosperité,
C'est elle qu'aujourd'huy nous voyons gemissante
Dans la captivité.
Sous le poids de ses fers esclave elle soûpire ;
Dans les tems à venir,
Pourra-t-on conserver de son premier empire

Un leger ſouvenir ?

Nous avons vû, Seigneur, les ſanglantes conquêtes
De nos vainqueurs cruels ;
Nous avons vû ceſſer la pompe de tes feſtes
Et tomber tes Autels.

L'horreur ne prit jamais des plus terribles formes,
Ton Temple abandonné
Servit d'affreux theatre à ces crimes énormes
Dont il eſt prophané.

Nous avons vû le ſang dont la terre étoit teinte
Couler de toutes parts,
Et nos fiers ennemis dans ta demeure ſainte
Planter leurs étendarts.

Comme en une foreſt la tranchante coignée
Sous ſes coups furieux
Fait tomber le viel bois, dont la cime éloignée
Sembloit toucher les Cieux.

Ces barbares de même ont briſé tes portiques
Et tes lambris dorez ;
Leurs haches ont rompu tes tables magnifiques
Et tes vaſes ſacrez.

Depuis qu'on voit regner l'inſolence & le crime
On n'a rien vû de tel ;

Le Sacrificateur devenu la victime,
Ensanglantoit l'Autel.
Tout ce qu'a de cruel la rage sanguinaire,
La flame, le couteau,
Tes Saints l'ont éprouvé jusqu'en ton Sanctuaire,
Qui leur sert de tombeau.
Mais, Seigneur, nos tyrans te font encore la guerre;
Son culte est aboly,
Disent-ils, que ce Dieu soit par toute la terre
Pour jamais en oubly.
Ah! Seigneur, desormais, quel secours, quel refuge
Nous sauve du trépas,
Helas! nous n'avons plus ni Prophete, ni Juge,
Qui conduise nos pas.
Ne puniras-tu point l'orgueil & le blasphême
De ses fiers inhumains?
Oseront-ils porter jusqu'à ton trône même
Leurs sacrileges mains:
Ce Dieu par qui Sion fut jadis garentie
N'est-il plus nôtre Dieu?
Cette tendre bonté tant de fois ressentie
N'a-t-elle plus de lieu?
Quand ton Peuple captif de l'Egypte cruelle

Fut mis en liberté,
Alors tu fis perir une armée infidelle
Pour nôtre ſeureté :
On vit de Pharaon noyer l'orgueil impie,
On vit tous ces deſerts
Qui bornent au Levant l'ardente Ethiopie
De cadavres couverts.
Tu fendis le rocher, une abondante ſource
En réjallit ſoudain :
Pour ſauver Iſraël tu ſuſpendis la courſe
Du rapide Jourdain.
Toute eſperance, ô Dieu, doit-elle être bannie,
Et n'eſt-tu pas toujours
Celuy dont autrefois la puiſſance infinie
Nous prêta du ſecours ?
Le grand aſtre du jour, & la naiſſante aurore
Par tes mains ſont formez,
Et ces brillans flambeaux dont le Ciel ſe décore
Par toy ſont allumez.
La terre eſt ton ouvrage, & les mers ſont bornées
Par tes ordres puiſſants,
Tu veux que les ſaiſons l'une à l'autre enchaînées
Nous partagent les tems.

Ce pouvoir infini qui fait trembler la terre
Fais-le ſentir, Seigneur,
Aux peuples inhumains qui nous livrent la guerre
Avec tant de fureur ;
A ces tigres cruels, à ces lions terribles
N'expoſe point nos jours,
Que nous ne ſoyons pas dans ces deſerts horribles
Exilez pour toûjours.
Sion étoit à nous par un droit legitime,
Mais helas ! nos malheurs
En rendent aujourd'huy par la force & le crime
Nos tyrans poſſeſſeurs.
Ne reverrons-nous plus nôtre chere Patrie,
Sans ceſſe humiliez,
Vil rebut de la mort, opprobre de la vie,
Serons-nous oubliez.
Détruits nos ennemis & prens nôtre défenſe,
Viens les remplir d'effroy,
Avec ce dur mépris dont l'orgueil nous offenſe,
Ils s'attaquent à toy.

Cyrus aïant pris Babylone et donné la liberté aux Iuifs, ils s'en retournent pleins de joie; et rendent graces au Seigneur, touchez uniquement de ce qu'il leur est permis de rebâtir son Saint Temple.

PSEAUME CXXI.

Lætatus sum in his quæ dicta sunt mihi, &c.

Ce Pseaume fut fait lorsque les Juifs eurent obtenu de Cyrus la permission de retourner à Jerusalem aprés 70. ans de captivité.

QUel transport imprevû s'empare de mon ame!
Seroit-il vray qu'encor je verrois de mes yeux
La celebre maison du Dieu que je reclame?
Je reverrois Sion, le bien de nos Ayeux.
Jerusalem séjour où regnoit la concorde,
Où l'on vit triompher la justice & la paix,
Le Tout-puissant par sa misericorde
Te rendroit-il à nos souhaits?
Que je sens vivement cette heureuse nouvelle
Encor j'adoreray dans ce lieu glorieux,
Où mille nations offrent au Dieu des Cieux
Avec la victime mortelle
Le sacrifice precieux
D'une ame & sincere & fidelle.

Dans l'attente du jour qui ſait nôtre bon-heur
Nos cœurs exempts d'ingratitude
Sans ceſſe beniront nôtre liberateur,
Il rompt les fers de nôtre ſervitude ;
Que favoriſé du Seigneur,
Ses jours ſoient couronnez & de gloire & d'honneur
Et toy Jeruſalem, ô nôtre Cité ſainte,
Que les graces du Ciel ſe répandent ſur toy,
Goute la douce paix qui regne en ton enceinte,
Que mes freres unis puiſſent joüir ſans crainte
Des biens que le Seigneur leur partage avec moy.

PSEAUME

Passage de la Mer rouge décrit à la fin du Pseaume Septante-six.

PSEAUME LXXVI.

Voce mea ad Dominum clamavi, &c.

Ce Pseaume fut composé aprés le retour de la captivité de Babylone.

LOrs que mes cris perçoient les airs,
Celuy dont je tiens la lumiere
Prestoit l'oreille à ma priere,
Et prenoit pitié de mes fers.
Poussé d'une ame impatiente
J'élevois ma voix gémissante,
Je luy dépeignois mes douleurs,
Sa bonté soulageoit ma peine;
Il m'aidoit à porter ma chaîne
Et sa main essuyoit mes pleurs.

Je disois, sois moy secourable,
Seigneur, exauce mes soûpirs,
Puisque toy seul fais mes desirs
Que je ne sois plus miserable :
Rompts les fers, dont ces inhumains
Chargent & mes pieds & mes mains,
Que ta grace qui me console
Acheve ma felicité,
J'en ay pour gage ta parole,
Et tu me dois la liberté.

Dans ses douleurs ancantie
Mon ame en vain se consumoit,
Aux discours que l'on me tenoit
Je demeurois sans repartie ;
Au fort de mes cruels ennuis
Je passois les jours & les nuits
A retracer en ma memoire
Les tems qui se sont écoulez
Depuis que tristes, desolez
De Sion nous pleurions la gloire.

Dieu qui nous combla de richesses
Nous rejette-t-il pour toujours ?
Disois-je, son puissant secours
Secondera-t-il ses promesses ?
Ses biens-faits des siecles passez
De son cœur sont-ils effacez ?
N'en reconnoît-on plus la trace ?
Et sa colere desormais
Contre son peuple pour jamais
L'emporte-t-elle sur sa grace ?

Cependant je sens que j'espere,
Reprenois-je, & ce changement
Me fait connoître en ce moment,
Que de Dieu s'éteint la colere :
Devois-je m'affliger ainsi,
Et son bras est-il racourcy
Depuis que sa faveur puissante
Sur l'heureux Joseph s'étendit,
Et que sa lumiere éclatante
Sur Israël se répendit ?

De ces rivages redoutables
Lors que Jacob en approcha
La mer s'enfuit & ſe cacha
Dans ſes abîmes effroyables ;
A l'aſpect du Dieu ſouverain
Les flots diſparurent ſoudain ;
De frayeur s'ébranla la terre,
Et formant des ſentiers divers,
Parmy les éclats du tonnerre
Sous ſes pieds il ſecha les mers.

Par luy la vague ſoûtenuë
Laiſſa voir un chemin nouveau,
Pharaon trouva ſon tombeau
Suivant cette route inconnuë.
Pour le garentir du trépas,
Seigneur, tu ne le guidois pas,
Mais de ce troupeau qui t'adore
Tu fis Moïſe conducteur ;
Viens, Seigneur, le conduire encore,
Toy ſeul en es le vray Paſteur.

David malade de douleur de la Conjuration d'Absalom, prie Dieu de le guerir; afin d'être encore en état de chanter ses loüanges.

PSEAUMES DE LA PENITENCE.

PSEAUME VI.

Domine ne in furore tuo arguas me, &c.

David étant au lit malade dans le tems de la conjuration d'Absalon composa ce Pseaume.

NE me fais point sentir, Seigneur, dans ta colere
Les traits de ta fureur,
Et n'examine point d'un jugement severe
Ma déplorable erreur.
Dans les ennuis pressans, dont mon ame est troublée,
Mon corps est abbatu,

Et ſous le poids des maux dont elle eſt accablée
Succombe ma vertu.
Chaque inſtant me ravit la force, & la lumiere
Tout me paroît confus,
Une éternelle nuit va couvrir ma paupiere
Je ne me connois plus.
N'éprouveray-je point, mon Dieu, ton aſſiſtance
Sur le point de mourir,
Voudrois-tu détourner cette rare clemence
Qui peut me ſecourir ?
Quand de la pâle mort la puiſſance cruelle
Eteint nôtre flambeau,
Qui lors peut celebrer ta loüange immortelle
Dans la nuit du tombeau ?
J'ay gémy, j'ay crié, ma force eſt épuiſée,
Mes yeux dans mes douleurs,
Pour rendre en ma faveur ta colere appaiſée,
Baignent mon lit de pleurs.
Au milieu des ennuis dont j'ay ſenty l'atteinte,
Mes triſtes jours paſſez
Ont augmenté mes ans, & ma voix eſt éteinte
Des cris que j'ay pouſſez.
Mais vous qui m'entourez ennemis implacables,

Encor qu'humilié,
Je croyez pas que Dieu dans mes maux déplorables
M'ait jamais oublié.
Vous apprendrez bien-toſt que juſte & debonnaire
Il écoute ma voix,
He ! ſon bras aujourd'huy ne pourroit-il pas faire
Ce qu'il fit autrefois?
Fuyez donc penetrez & de honte & de rage
Méchans diſparoiſſez ;
Puiſque mon Dieu m'entend, je ne crains plus l'orage,
Mes perils ſont paſſez.

La revolte d'Absalom contraint David de sortir de Jerusalem avec les Troupes qui lui restoient fidelles; il les console en les assurant que Dieu dissipera les projets de ses Ennemis. 2 Liv. des Rois ch. 15.

PSEAUME XXXI.

Beati quorum remiſſæ ſunt iniquitates, &c.

Lors que David fut chaſſé de Jeruſalem par ſon fils Abſalon, il compoſa ce Pſeaume qu'il prononça devant ceux qui le ſuivirent.

Heureux celuy dont les fautes paſſées
Dans le ſein de l'obſcurité
Se trouvent pour jamais pleinement effacées;
Heureux qui de remords n'eſt point perſecuté;
Mais cent fois plus heureux encore
Eſt le cœur penitent, qui le Seigneur implore
Seur d'obtenir de luy le pardon deſiré:
Qui deſormais dépoüillé de tout vice
De ſon Juge irrité deſarmant la Juſtice
Peut regarder le Ciel comme un prix aſſuré.

A ces cruels remords mon ame assujettie
Poussoit de vains gemissemens,
Tandis qu'au milieu des tourmens
Je sentois chaque jour ta main appesantie.
En proye à mes ennuis, devoré de regréts
Pour m'éloigner de toy les lieux les plus secrets
Me paroissoient un seur azile :
Mais en vain j'ay voulu déguiser mon peché,
Ah ! Seigneur, qu'il est difficile
De se cacher aux yeux à qui rien n'est caché.

Pressé de mes douleurs j'ay confessé mon crime,
Je t'ay declaré mes forfaits,
J'ay dit pour expier tant de maux que j'ay faits
De la fureur de Dieu rendons-nous la victime.
A peine au repentir me suis-je abandonné
Que mon peché s'efface, & tu m'as pardonné,
Tu m'as rendu l'innocence premiere :
Seigneur, pourrois-je assez admirer ta bonté,
Tu veux que je joüisse encor de la lumiere
Dont mon crime odieux soüilla la pureté.

Pour tant de biens reçûs que tes Saints te benissent,
Que ton Nom glorieux par toute Nation
Soit celebré sur le mont de Sion,
Jusqu'à ce que les tems finissent.
Et moy qui sur toy seul dois fonder mon appuy
Je te demande encor ton secours aujourd'huy,
Contre l'ennemy qui m'accable :
Lors que je te fuyois tu m'a favorisé,
Tu me cherchois infidelle & coupable,
Quand je n'aime que toy serois-je refusé ?

Que ta grace, mon Dieu, se repende en mon ame,
Tu sçais qu'en mes cruels malheurs
Je n'ay recours qu'à toy, c'est toy que je reclame,
Ecoute la voix de mes pleurs.
Dis à mes ennemis, ne soyez pas semblables
A ces animaux intraitables
Qui par le dur frein sont domptez ;
Ainsi je puniray vos ames criminelles
D'un deluge de maux, de peines éternelles
Je recompenseray vos infidelitez.

Mais comme les méchans par des chûtes horribles
Terminent à la fin leurs injustes projets,
Ainsi David verra ses rebelles sujets
Eprouver du Seigneur les Jugemens terribles.
Justes qui m'écoutez, qu'un changement si beau
Mette dans vôtre bouche un Cantique nouveau,
Benissez du Seigneur la bonté secourable,
Qu'à jamais son saint Nom par nous soit exalté,
Et que de ses biens-faits la memoire durable
S'étende à la posterité.

David aïant par vanité fait faire le denombremen
de son Peuple, la peste en fit perir 70000. en 3. jour
Il s'humilie devant Dieu sous le sac et la cendre;
aussi-tôt l'Ange du Seigneur cesse de fraper.

PSEAUME XXXVII.

Domine ne in furore, &c.

David affligé de la peste composa ce Pseaume.

NE m'examine point, Seigneur, dans ta justice,
A mes vœux aujourd'huy rends ta bonté propice,
Des traits de ta fureur tout couvert que je suis
Vois mon corps qui n'est plus qu'une profonde playe ;
Mais plûtost, ô mon Dieu, dans mes cruels ennuis
Vois si ma repentance est vraye.

Je ressens vivement le poids de mes pechez,
Mes crimes à mes maux demeurent attachez,
Mon triste cœur percé du regret qui me tuë
Cede à la rigueur des tourmens,
Ma vertu m'abandonne, & mon ame abbatuë
Se consume en gémissemens.

Je souffre des douleurs dont la moindre est mortelle
D'un sang empoisonné la source criminelle
Dans ce cœur malheureux tient son venin caché ;
Un invisible feu circule dans mes veines,
Et je puis comparer la grandeur de mes peines
A la grandeur de mon peché.

Penetré de remors, accablé de miseres
Comme un lion terrible en mes douleurs ameres
Je pousse des rugissemens.
Ah ! Seigneur, qui connois tout ce que je desire,
Ecoute enfin mes cris, fait cesser mes tourmens
Et rends-moy le seul bien pour qui mon cœur soupire.

C'est ta grace, Seigneur, qui fait tous mes souhaits,
C'est elle qui lavant mes énormes forfaits,
Pourroit seule à tes yeux me rendre l'innocence :
Tu sçais que mes tourmens ne sçauroient augmenter,
Que ma foible vertu ne les peut supporter,
Qu'enfin contre tes traits je n'ay point de défense.

Dans l'état déplorable où ta rigueur m'a mis
Je ſuis perſecuté de mes plus chers amis ,
De crimes ſuppoſez ils noirciſſent ma vie ,
Il ſemble qu'ils voudroient par de nouveaux malheurs
Pour ſatisfaire leurs fureurs ,
Que la clarté me fût ravie.

A me deshonorer , à croître mes ennuis
Ils paſſent les jours & les nuits.
Immobile , interdit , je ne ſçay que répondre ,
Leurs diſcours par les miens ne ſont point combattus
Tant d'infidelitez ſervent à me confondre ,
Et parmy tant d'horreurs je ne me connois plus.

Cependant , ô mon Dieu , lors qu'avec confiance
J'aſſeure en toy mon eſperance ;
Quand je t'offre des vœux ſerois-je rebuté :
Tandis que ces méchans dont la cruelle joye
Aggrave encor les maux , dont tu me fais la proye ,
Joüiſſent d'un bonheur qu'ils n'ont point merité.

Si tu veux toutefois pour expier mon crime
De leurs lâches complots me rendre la victime
Je n'en murmure point, me voicy prest, Seigneur;
J'accepte cet Arrest, je benis mon supplice;
Et quand mes envieux sont comblez de bonheur
Mon cœur humble & soumis adore ta Justice.

Mais de ces orgueilleux qui me foulent aux pieds
Les injustes projets seront-ils oubliez:
L'amour que j'ay pour toy rend leur haine implacable;
Comme un crime odieux ton Nom m'est reproché,
Déja sans le secours de ta main favorable
Du nombre des Vivans ils m'auroient arraché.

Soulage mon tourment, vois le mal qui me presse,
Helas! si ta bonté ne soutient ma foiblesse,
Rien ne me peut sauver, Seigneur, je vais perir.
Ne m'abandonne point, c'est en toy que j'espere
    Avec la tendresse d'un pere
    Mon Dieu daignes me secourir.

PSEAUME

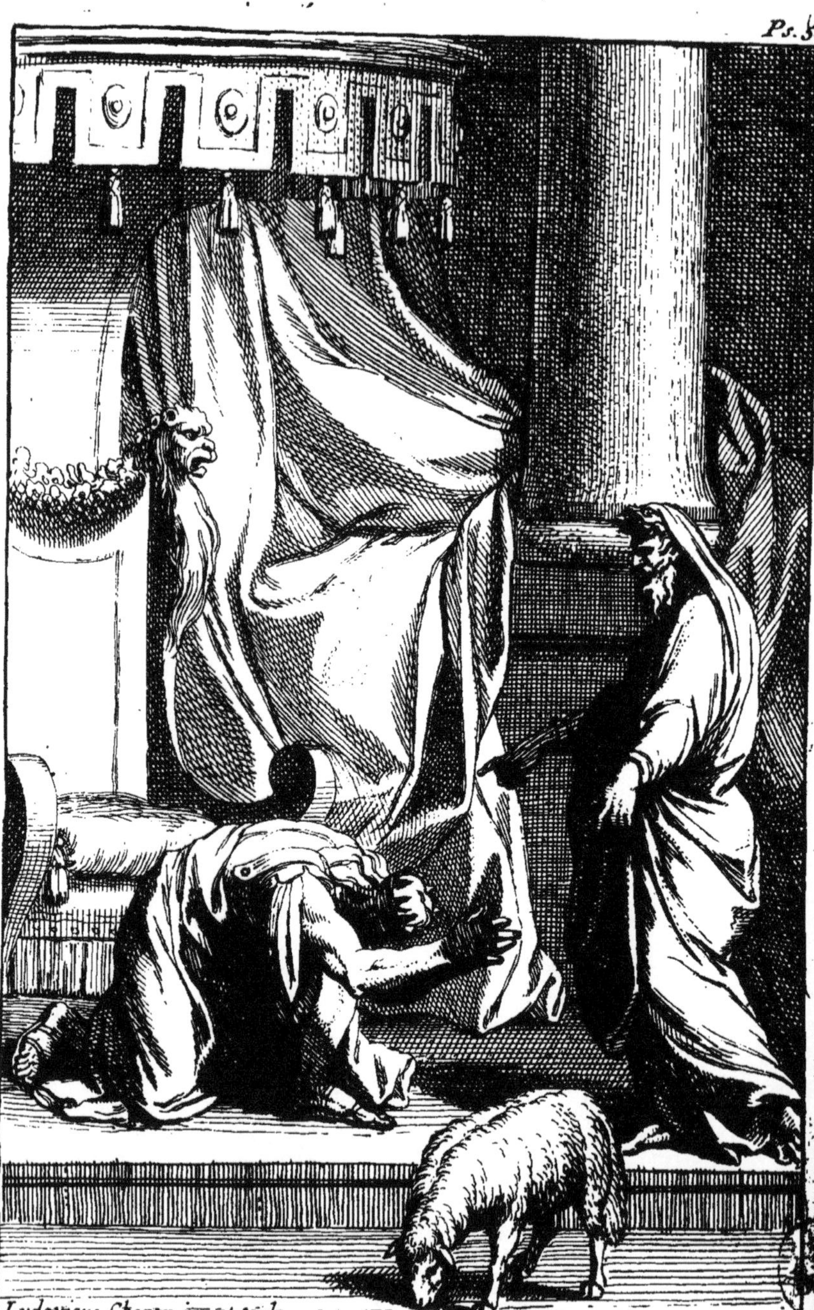

Le Prophete Nathan vient trouver David coupable de l'adultere de Bethsabée et du meurtre d'Urie, il lui reproche ces deux crimes sous une parabole; David les avoüe et les pleure amerement.

PSEAUME L.

Miserere mei Deus, &c.

David fit ce Pseaume pour demander pardon à Dieu de l'adultere de Betsabée & du meurtre d'Urie.

FAis que suivant mes vœux sur mes crimes s'étende
L'effet de tes bontez ;
Que ta grace, Seigneur, aujourd'huy se repende
Sur mes iniquitez.
Que ta misericorde arreste ta vengeance,
Efface mes pechez,
Les maux que j'ay commis en fuïant ta presence
Ne te sont point cachez :
Je les connois, mon Dieu, ces crimes détestables
Que j'ay faits contre toy,
J'en vois pour me punir les horreurs effroyables
Se presenter à moy.
Par le juste remords de mes fautes cruelles
Mon cœur est devoré,

Mais je dois eſperer tes promeſſes fidelles
Me l'ont trop aſſeuré.
Tu ſçais que criminel dans le ſein de ma mere
Sans avoir veu le jour,
Je devois attirer ta haine & ta colere
Plûtoſt que ton amour :
Cependant en ſecret tu me faiſois comprendre
Ta ſuprême grandeur,
Déja tu m'inſpirois & te faiſois entendre
Dans le fond de mon cœur.
Aſperge-moy d'hyſope & viens remplir mon ame
De ta plus vive ardeur,
Lors dans ſa pureté je paſſeray la flame
Et la neige en blancheur.
Parle à mon triſte cœur, viens combler d'allegreſſe
Mon eſprit abbatu :
Viens, Seigneur, & ſoutiens ma mourante foibleſſe,
Rappelle ma vertu.
Si tu veux conſulter ta ſevere Juſtice
Qu'eſperer deſormais ?
Pour te venger, Seigneur, il faut qu'elle puniſſe
Mes énormes forfaits.
Renouvelle en mon cœur cette pure innocence

Possedée autrefois,
Et dans ce cœur nouveau remply de ta presence
Fais entendre ta voix.
N'en bannis pas, mon Dieu, cet esprit que j'adore,
Dont je fus inspiré,
Daigne accorder, Seigneur, au pecheur qui t'implore
Le pardon desiré.
Pour me faire éprouver cette tranquille joye
Qui feroit mon bonheur
Fais taire ces desirs dont toûjours fut la proye
Mon miserable cœur.
Les pecheurs apprenans qu'à toy seul je veux plaire
Touchez de repentir
Peut-être chercheront la grace salutaire
Que tu me fais sentir.
Helas! le souvenir d'une cruelle offense
Me fait trembler d'effroy,
Et le sang innocent te demande vengeance
Sans cesse contre moy.
Je ne le sçay que trop, mais ta grace adorable
M'asseure du pardon,
Tu permetras encor que ma bouche coupable
Rende gloire à ton Nom.

Si tu voulois, Seigneur, de ſanglants ſacrifices
Arroſeroient ces lieux,
Mais ce n'eſt point le ſang des Boucs & des Geniſſes
Qui peut plaire à tes yeux.
Un cœur bien repentant, un cœur remply d'allarmes
Et de douleurs briſé,
Jamais t'offrant, Seigneur, ſes ſanglots & ſes larmes
Ne s'eſt vû mépriſé.
Cependant, ô mon Dieu, quand de pleurs je me noye
De mes crimes impurs
Ne punis pas Sion, que mon peuple avec joye
En releve les murs.
Alors je t'offriray d'innocentes victimes
Et des vœux immortels,
Proſterné devant toy j'immoleray mes crimes
Aux pieds de tes Autels.

Le tems marqué pour la delivrance des Iuifs étant expiré, ils la demandent à Dieu par la bouche d'un de leurs Prophetes, qui lui represente l'extreme misere ou ils sont.

PSEAUME CI.

Domine exaudi orationem meam, &c.

Ce Pseaume a esté composé pendant la captivité de Babylone.

SEigneur qui vois mes pleurs, exauce ma priere,
Que mes cris montent jusqu'à toy.
Ne m'oste pas, mon Dieu, ta divine lumiere;
Dans mes pressans besoins, Seigneur, écoute-moy.
J'implore ton secours, je t'appelle à mon aide,
Je sçais que de mes maux toy seul es le remede,
Tu connois les tourmens dont mes sens sont frappez,
De mes os dessechez l'humeur est consumée
Et comme se dissipe une foible fumée
Mes tristes jours sont dissipez.

De même que l'on voit par le Soleil fanée
L'herbe mourante & sans vertu,
Ainsi je sens mon cœur de tristesse abbatu,
Ainsi de sa vigueur mon ame abandonnée
Succombe sous le fais de mes vives douleurs;
Mes immortels regrets, mes sanglots & mes pleurs
Me tiennent lieu de nourriture;
Mes os sont collez à ma peau,
Et je n'ay plus que la figure
D'une ombre qui sort du tombeau.

Persecuté de tous, faudra-t-il que je meure?
Semblable au Pelican qui cherche les deserts,
Ou comme cet oyseau poursuivy dans les airs,
Qui des plus sombres lieux fait sa triste demeure:
Ainsi qu'un passereau sur un toit gémissant
Dés les premiers rayons du grand astre naissant,
Mes lugubres cris se répandent.
Tandis que des cruels nous tiennent oppressez,
Et dans leur rage me demandent
Les restes malheureux des jours qu'ils m'ont laissez.

De cendre au lieu de pain ma vie est soustenuë,
Mon breuvage est mêlé de pleurs,
L'accablement de mes malheurs
N'est pas le seul mal qui me tuë;
C'est ta juste colere, ô grand Dieu d'équité!
Dans l'abîme où tu m'as jetté,
Je passe comme l'ombre & mon ame oppressée
Oste à mes tristes yeux le repos du sommeil,
Je suis comme une fleur par le vent terrassée,
Qui se flétrit & meurt au coucher du Soleil.

De toy, Seigneur, il n'en est pas de même,
Tu regnes éternellement,
Dans les siecles futurs les Cieux incessamment
Rediront ta grandeur suprême.
Ceux qu'un sombre avenir tient à nos yeux cachez
Au recit de tes faits se sentiront touchez,
Ils beniront, Seigneur, tes oracles fidelles,
Qui nous assurent qu'en ce jour
Sion doit éprouver tes bontez paternelles,
Et la grandeur de ton amour.

Cette pauvre Sion, cette ville détruite
Triſte objet du couroux des Cieux
En proye au ſoldat furieux,
Preſqu'en cendre ſe voit réduite.
On ne reconnoit plus ſon antique ſplendeur,
Son Temple, ſes palais, marques de ſa grandeur
Ne ſont plus qu'un monceau de pierres.
Miſerable Sion qui cauſe nos ſoûpirs
De tes triſtes enfans rebuts de tant de guerres
Tes ruïnes encor ſont les plus chers deſirs.

Eſperons toutefois que le Dieu de nos peres
Nous tirera d'oppreſſion,
Il peut faire ceſſer nos ſanglantes miſeres,
Et rétablir tes murs, déplorable Sion.
Alors pour ſignaler hautement ſa puiſſance
Le Seigneur répendra la joye & l'abondance
Parmy ſon peuple fortuné :
Il leur rendra leurs biens avec uſure,
Leurs maux ne ſeront ſceus de la race future
Que par l'heureux ſecours qu'il leur aura donné.

Nous feras-tu ſentir ces regards favorables ?
Quand ſeront-ils, Seigneur, juſqu'à nous parvenus,
A nous dans les fers detenus
Accablez de maux incroyables ?
Par le fer & le feu nos païs ravagez,
Sous un ſanglant couteau nos peres égorgez,
Nous mêmes deſtinez à la mort inhumaine,
Pouvons-nous croire encor qu'un jour nous pourions voir
Finir nôtre cruelle peine
Dans ces lieux regrettez qui font tout nôtre eſpoir ?

Ah ! Seigneur, s'il eſt vray qu'au comble de la joye
Ton peuple habitera nôtre ſainte Cité,
Que ſes Princes ſortis de la captivité
Poſſederont les biens que ta main leur envoye :
Ce malheureux captif qui compoſe ces vers,
N'aura-t-il point de part à ces bonheurs divers ?
Juſqu'à cet heureux tems étendras-tu ſa vie,
Du malheur qui le ſuit objet infortuné,
Dans ces lieux accablé d'une peine infinie,
Le dernier de ſes jours ſera-t-il terminé ?

Pour joüir de ces biens prolonge encor mon âge,
Fais moy participer à tes ans éternels,
Que je puisse revoir encor ton heritage,
Seigneur, pour t'adorer aux pieds de tes Autels.
C'est toy qui fis les Cieux & qui formas la terre,
L'air, l'humide élement, & tout ce qu'il enserre;
Mais tant d'ouvrages differens
Ces astres éclatans, ce Soleil qu'on voit luire,
Finiront cependant comme les vestemens
Que le tems enfin voit détruire.

Pour toy qui remplis tout par ton immensité,
Les tems n'ont point, Seigneur, ni de momens, ni d'heures,
Tu ne sçaurois changer, sans cesse tu demeures
Dans le point de l'éternité.
Repans sur tes enfans un rayon de ta gloire,
Fais en nôtre faveur ce qu'on ne pourra croire,
En brisant nos tristes liens;
Que la posterité dans l'avenir ressente
Encore les effets de ces precieux biens
Qu'aujourd'huy nous tiendrons de ta bonté puissante.

Un Prophete dans les fers des Babyloniens implore la misericorde divine, sur laquelle il fonde tout son espoir.

PSEAUME CXXIX.

De profundis clamavi, &c.

Ce Pseaume fut composé par quelque Israëlite dans les fers des Babyloniens.

Du profond abîme où je suis,
Seigneur, entens ma voix, exauce ma priere,
Soit que le jour commence ou perde sa lumiere,
Je ne vois point de bornes à mes cruels ennuis.

Tu connois les douleurs dont mon ame est atteinte,
Seigneur, preste l'oreille à mes tristes clameurs,
Ne me rebute point, favorise ma plainte,
Efface les pechez qui font couler mes pleurs.

Si tu mets nos forfaits dans ta juste balance,
Si tu veux nous juger au poids de l'équité,
O mon Dieu, qui pourra soutenir ta presence?
Qui pourra nous sauver de nôtre iniquité?

J'eſpere cependant qu'à mes larmes propice
Tu me pardonneras en faveur de ta loy ;
Un cœur contrit, Seigneur, doit s'aſſurer en toy,
Si ta miſericorde égale ta juſtice.

Helas ! c'eſt ſur toy ſeul que fonde ſon eſpoir,
Iſraël opprimé d'une injuſte puiſſance :
Tant que durent les jours, de l'aube juſqu'au ſoir,
Ton peuple dans les fers implore ta clemence.

Ne le mépriſe point ce peuple infortuné,
A ſes preſſans regrets ne ſois pas inflexible,
Ah ! ſi de toy, Seigneur, il eſt abandonné,
Rien ne le peut ſauver, ſa perte eſt infaillible.

PSEAUMES LXII et CXLII.

PSEAUME CXLII.

Domine exaudi orationem meam, auribus, &c.

Ce Pseaume marque le tems que David fuyoit la persecution d'Absalon.

SI je puis esperer que ta bonté propice
M'écoute en mon adversité,
Donne-moy le secours que j'ay tant souhaité,
J'invoque en même tems ta grace & ta Justice :
Si toutefois, mon Dieu, tu veux dans ce moment
Avéc ton serviteur entrer en jugement,
Qui pourroit soutenir ta fureur redoutable ?
Quelqu'un examinant ta loy
Croiroit-il à tes yeux paroître peu coupable,
Et nul se peut-il dire innocent devant toy ?

Regarde ſeulement quel peril m'environne,
Vois l'ennemy qui me pourſuit,
Aprés m'avoir ravy le ſceptre & la Couronne,
Aux portes du trépas le cruel me réduit :
Comme un mort dans ſa ſepulture
J'habite en ces deſerts une caverne obſcure,
Où je cherche à ſauver mes déplorables jours,
A mon perſecuteur je les dérobe encore,
Mais, ô mon Dieu, ſans un double ſecours
Puis-je les garentir du mal qui me devore.

Lorſque tant d'ennemis me tiennent aſſiegé,
Dois-je eſperer de voir la fin de mes miſeres ?
Cependant je le ſçais, dans ſes peines ameres
Iſraël autrefois par toy fut protegé ;
Je n'ay point oublié que ta main ſecourable
Aux juſtes oppreſſez fut toujours favorable,
Conſumé que je ſuis d'un rigoureux tourment
L'eſperance en mon cœur ne peut être arrachée,
J'attens comme une terre aride & deſſeichée
Des eaux le rafraîchiſſement.

De forces épuiſé je n'ay plus de défenſe ;
Entens mes foibles cris, viens tôt me ſecourir,
Je ſens mon triſte cœur tomber en défaillance,
C'en eſt fait je m'en vais mourir.
Ceux que la pâle mort ſous la tombe cruelle
Enſevelit dans la nuit éternelle,
Sont moins defigurez que moy.
Dés le matin fais-moy reſſentir ta clemence,
O Seigneur tout-puiſſant, puis que j'eſpere en toy,
Fais-moy joüir encor de ta douce preſence.

Garentis-moy des horreurs du trépas,
Fais-moy ſuivre, Seigneur, le chemin ſalutaire
Qui vers toy conduiſant mes pas
M'éloigne pour toûjours de mon fier adverſaire.
Enſeigne-moy, mon Dieu, ta ſainte volonté,
Que plein de ton Eſprit je marche en ſeureté,
Seul tu peux m'inſpirer la veritable voye
Qui dans Jeruſalem doit me rendre la paix ;
Punis mes ennemis, qu'à tes fureurs en proye
Ils pleurent à leur tour des crimes qu'ils ont faits.

CANTIQUES.

II. CANTIQUE DE MOYSE.

Moïse prévoiant sa mort prochaine et l'Idolatrie où s'abandonneroient les Israëlites, lorsqu'ils seroient entrez dans la Terre promise, leur reproche cette infidelité future et leur predit les maux qu'elle leur attirera. Deut. ch. 31.

CANTIQUES.

I. CANTIQUE DE MOYSE.

Audite Cœli, &c.

Moïse prédit aux Israëlites leur chûte dans l'idolâtrie, lors qu'ils seroient possesseurs de la Terre Promise, & les malheurs que leur attireroit leur infidelité.

Cieux écoutez ma voix, comme un bruyant tonnerre
Qu'elle se fasse entendre aux deux bouts de la terre,
Que mon peuple prestant l'oreille à mes discours
De ses malheurs prevûs change le triste cours.
De même qu'au printems la fertile rosée,
Dont on voit au matin la campagne arrosée,
Fait pousser l'herbe tendre, & ranime les fleurs ;
Puisse ainsi mon discours penetrer dans vos cœurs ;

Puiſſe le juſte Ciel ſuſpendant ſa vengeance
D'un affreux avenir vous donner connoiſſance.
Au recit de ces maux qui me ſont revellez,
Soyez donc attentifs, fils de Jacob tremblez.

Ce Dieu qui juſqu'icy fidelle en ſa promeſſe
Vous comble de ſes biens avec tant de largeſſe,
Vous apprend que rebelle à ſes juſtes ſouhaits
Iſraël doit enfin oublier ſes biens-faits :
Dans la coupe d'horreur ſa race reprouvée
S'enyvrant des forfaits dont elle eſt abreuvée,
On verra ces méchans de ſecours dépoüillez
Perir dans les horreurs dont ils ſeront ſoüillez.
Inſenſez eſt-ce là cette reconnoiſſance
Que le Ciel attendoit de vôtre obéïſſance ?
Peuple dur qui de Dieu traverſez les deſſeins,
Vous eſtes cependant l'ouvrage de ſes mains;
C'eſt luy qui fit ceſſer vos cruelles miſeres,
De ſes bien-faits reçûs interrogez vos peres,
Qu'ils vous diſent qu'au tems qu'un langage divers
Fit aux fils de Noé partager l'Univers,
Que Dieu même marqua pour ſon propre heritage
La terre qu'à Jacob il promit en partage :
Depuis ce peuple aimé traverſant les deſerts,

Par ſa puiſſante main ſe vit ouvrir les mers ;
Mais les rapides eaux pour luy ſeul écartées
Ramenant tout d'un coup leurs vagues irritées,
D'un chemin pour Jacob ſi facile & ſi beau,
Firent de Pharaon le funeſte tombeau.

Quels biens depuis ce tems ſa bonté paternelle
A-t-elle répandus ſur ce peuple infidelle ?
Il vous guida ſortis de la captivité
A travers les horreurs d'un deſert écarté,
Et par luy vôtre courſe à la fin terminée,
Au mont de Sinaï ſa Loy vous fut donnée.
Comme ſur ſes petits l'Aigle au milieu de l'air
S'élevant doucement, leur enſeigne à voler,
De même du Seigneur la ſageſſe éternelle
Inſtruiſoit Iſraël, le couvroit de ſon aîle.

Quel autre Dieu que luy, quel ſecours étranger
En tous tems, en tous lieux a ſçû vous proteger ?
N'eſt-ce pas le Seigneur qui couvert d'une nuë
Dans les âpres ſentiers d'une route inconnuë,
La nuit comme un flambeau guida vos pas errans,
Et du jour rallentit les rayons trop brûlans ?
Ne dit-il pas encor, quittez vos champs ſteriles,
Et ſoyez poſſeſſeurs de ces côteaux fertiles ?

La riche Chanaan, païs cheri du Ciel,
Où l'on voit decouler & le lait & le miel;
Ces agneaux bondissans, que sous ses verds ombrages
Bazan nourrit exprés dans ses gras pâturages,
Ses oliviers chargez, & ses épis dorez,
Sont tous biens qu'aujourd'huy je vous ay preparez.
Cependant ses bontez vers vous si liberales
Ne sçauront point toucher vos ames déloyales,
L'honneur qu'au Tout-puissant seul vous aviez promis,
Vous le rendrez aux Dieux que vous aurez soumis,
Foibles l'on vous verra pour les avoir propices,
Leur offrir en tremblant de sanglans sacrifices.
Mais voicy l'Eternel qui parle par ma voix.
Peuple ingrat, peuple dur, qui méprise mes loix,
Puisque de tes pechez la mesure est entiere,
J'ôteray de tes yeux ma divine lumiere,
Je te livre à ces Dieux sur tes monts adorez,
Ces Dieux vains, sans pouvoir, que tu m'as preferez.
Tu verras, pour punir ta lâche complaisance
Des idolâtres nez dans l'obscure ignorance,
Fideles desormais asservis à mes loix
Remplir les rangs de ceux dont en vain j'ay fait choix.
Puisque par un respect sacrilege & frivole

Tu m'immoles au nom d'une trompeuſe idole,
Que tu m'as irrité pour un Dieu qui n'eſt rien,
Vois un peuple adopté, qui n'étoit pas le mien,
Et qui me tenant lieu de Jacob infidele,
Sçaura mieux me prouver ſon amour & ſon zele.
Mais toy, peuple endurcy dans ta coupable erreur,
Pour punir tes forfaits, vois ma juſte fureur,
Embraſer les enfers & devorer la terre,
Les feux, l'air & les mers te livreront la guerre,
Mon courroux s'étendra ſur tous les Elemens,
Et ſappera ces monts juſques aux fondemens;
Je te feray ſentir mes flêches embraſées,
Les miſeres ſur toy ſembleront épuiſées;
Conſumez de la faim tes citoyens mourans
Serviront de curée aux oyſeaux devorans,
Et des ſerpens cruels la morſure enflamée
Coulera dans leur ſang ſa rage envenimée;
Devorez des lions, par le glaive abatus
Tes enfans, tes viellards ſe verront confondus,
Et de ton Nom fameux jadis ſi plein de gloire
Dans les ſiecles futurs j'éteindray la memoire.
Je ſuſpens toutefois ces grands évenemens,
Et je differe encor mes juſtes châtimens,

Afin que le Gentil n'ait aucun lieu de croire
Que sur ton Dieu ses Dieux emportent la victoire.
Mais vous lâches vainqueurs, pleins d'orgueil criminel,
A vôtre tour sçachez ce que dit l'Eternel.
Lors qu'un seul d'entre vous en peut combattre mille
Osez-vous presumer qu'à vaincre si facile
Le malheureux Jacob du Seigneur condamné
Seroit captif si Dieu ne l'eût abandonné ?
Ressemblay-je à vos Dieux sans vertus, sans défenses,
Qui ne peuvent sentir ny punir les offenses ?
Les biens sur Israël à pleines mains versez,
Ces justes châtimens sur luy-même exercez,
Mes biens-faits répandus, ma terrible vengeance,
Ne sont-ils pas garents de ma toute puissance ?
Pour mon peuple comblé d'abominations,
Le scandale honteux de mille Nations,
De ses méchancetez la memoire est gravée,
Et la vengeance en est à moy seul reservée.
Je le rejetteray dans son plus grand besoin,
Sa perte est infaillible, & le tems n'est pas loin.
Seigneur, puis qu'il est vray, puisque tu l'a jurée
La perte de Jacob, & qu'elle est preparée,

Aprés l'avoir puny par tant de maux divers,
Gemira-t-il long-tems ſous le poids de ſes fers ?
Aſſiegé par la faim, ſans ſecours, ſans azile,
Il languit malheureux dans ſa derniere ville.
Seigneur parle à ſon cœur de triſteſſe abattu,
Reproche luy ſes Dieux ſans pouvoir, ſans vertu,
Ces Dieux dont ſur l'autel encore ſont fumantes
Et la graiſſe & les chairs des victimes ſanglantes,
Qui pourtant ſpectateurs ſans aucun mouvement
Contemplent de Jacob le cruel châtiment.
Dis luy, reconnoiſſez qu'au gré de mon envie
Je ſçais donner la mort, je ſçais rendre la vie,
Nul de mon bras puiſſant jamais n'eſt échappé,
Et je gueris le coup dont ma main l'a frappé.
Mais, Seigneur, je te vois touché de ſes allarmes,
De ton peuple captif tu viens ſecher les larmes,
Ta redoutable voix parle à ſes ennemis.
O toy par qui Jacob eſt aujourd'huy ſoumis
A l'aſpect menaçant de l'éclatante foudre,
Tremble voicy le coup qui te réduit en poudre.
Je couvriray ton nom d'un opprobre éternel,
Mes fléches nageront dans ton ſang criminel,
On verra s'enfoncer juſqu'aux gardes trempée

Dans ton perfide ſein ma devorante épée,
Et dans ce jour fameux il me ſera rendu
Tout le ſang de Jacob par tes mains répendu.

Vous donc à qui ſa voix par moy ſe fait entendre,
Contre un Dieu ſi puiſſant pourriez-vous vous défendre ?
Ce n'eſt point vainement qu'il prétend menacer,
Il ſçaura vous punir & vous recompenſer :
Deſarmez s'il ſe peut ſa fureur redoutable,
Que tout genoüil fléchiſſe à ſon Nom adorable,
Et qu'Iſraël ſoumis puiſſe en ce même jour
Appaiſant ſa colere attiter ſon amour.

CANTIQUE D'EZECHIAS.

Ezechias malade et averti de sa mort prochaine par Isaïe, ne laisse pas de demander à Dieu la Santé; il l'obtient, et Dieu renvoie Isaïe lui dire qu'il lui accorde encore 15. ans de vie. 4.e liv. des Rois Ch. 20.

CANTIQUE D'EZECHIAS.

Ego dixi in dimidio dierum, &c.

Ezechias aprés une longue maladie remercie Dieu dans ce Cantique.

DAns les vives douleurs, dont mon ame troublée
Se trouvoit accablée,
J'ay dit, il faudra donc loin d'un ſejour ſi beau
Entrer dans le tombeau.
Au milieu de leur cours mes plus belles années
Se verront terminées,
Et je m'en vais quitter à la fleur de mes ans
La terre des vivans.
Je ne reverray plus cette terre d'élite,
Ny celuy qui l'habite.
Sion ne ſera plus pour moy l'auguſte lieu
Où j'adoreray Dieu.
Comme un Berger quittant un trop ſec pâturage
Pour chercher de l'herbage,
Enleve ſa cabane, ainſi j'ay penſé voir

Enlever mon eſpoir.

Ou comme un Tiſſerant dont l'attente trompée
Voit ſa trame coupée,
De même en un inſtant j'ay crû voir de mes jours
Interrompre le cours.
Je diſois au matin, la fin de la lumiere
Eſt mon heure derniere;
Et quand l'aſtre du jour faiſoit place au ſommeil,
C'eſt mon dernier Soleil.
Ainſi que l'on entend dans ſa douleur plus vive
La colombe plaintive,
Je pouſſois dans le fort de mes cruels tourmens
D'aigres gemiſſemens.
Je demandois à Dieu dans mes peines ameres
La fin de mes miſeres.
Vers le Ciel où mes vœux ſans ceſſe étoient pouſſez,
Mes yeux étoient fixez.
Seigneur, diſois-je alors, ſoulage ma foibleſſe,
Vois le mal qui me preſſe,
Entens-moy, prens pitié dans mes triſtes ennuis
De l'état où je ſuis.
Il eſt juſte, Seigneur, que je ſois miſerable,
Puiſque je ſuis coupable :

Punis-moy, mais aprés ce rude châtiment,
Fais ceſſer mon tourment.
Ah ! Seigneur, ta bonté par mes larmes preſſée,
A ma voix exaucée,
Tu me rends le bonheur que tu m'avois ôté,
Me rendant la ſanté.
De mes pechez paſſez tu n'as plus de memoire,
Car tu ſçais que ta gloire
N'occupe point les morts, on ne la chante pas
Au delà du trépas.
Des juſtes ſeulement qui poſſedent la vie
La bouche la publie,
Seuls ils peuvent parler ſelon ta verité
A leur poſterité.
Conſerve-moy, Seigneur, ce bien ineſtimable,
Que ton Nom adorable
Soit beny à jamais, & dans toute ſaiſon
En ta ſainte Maiſon.

CANTIQUE DE LA VIERGE,
lorsqu'elle visita sa Cousine Elizabeth.

CANTIQUE

Que la ſainte Vierge prononça lors qu'elle fut viſiter ſa couſine Eliſabeth.

Magnificat anima mea Dominum, &c.

LE grand Dieu d'Iſraël dans le fond de mon ame
Eſt glorifié chaque jour,
Mon cœur ſe réjoüit, & mon eſprit s'enflame
Au feu de ſon divin amour.
Il n'a point dedaigné mon extrême baſſeſſe,
Il dépoſe en mon ſein ſon immenſe ſageſſe,
C'eſt mon Sauveur, je dois ſans ceſſe le benir;
Toutes les Nations m'appelleront heureuſe,
Du tems & de l'oubly toujours victorieuſe,
Ma gloire paſſera les ſiecles à venir.

Celuy dont l'Univers adore la preſence,
L'arbitre ſouverain des Rois,
A voulu m'honorer de ſon glorieux choix;
Sa grace en ma faveur prodigue ſa puiſſance:
Il joint à la virginité
Une heureuſe fecondité,
Accompliſſant en moy cet auguſte myſtere,
Il me rend le ſejour de la divinité,
Et Vierge je deviens la Mere
Du Dieu dont je tiens la clarté.

Au gré de ſa bonté puiſſante
L'humble de cœur eſt exalté,
Le Seigneur étendra ſa vertu bien-faiſante
Sur toute ſa poſterité:
Tandis que dans ſon avarice
Le riche plein d'orgueil trouve un juſte ſupplice,
Accablé ſous le poids de ſon iniquité;
On le verra perir avec ſon abondance,
Et ſon fameux debris ſera la recompenſe
De l'innocente pauvreté.

Ainſi de nôtre Dieu la Juſtice ſevere
Confond l'orgueil des coupables humains,
Lors qu'à l'humble oppreſſé ſa bonté tend les mains,
Le ſuperbe devient l'objet de ſa colere.
Ce Dieu, ce ſouverain Seigneur,
Aujourd'huy d'Iſraël ſe rend le protecteur.
O jour trois fois heureux! ô jour (le peut-on croire)
Qui nous fait triompher de tous nos ennemis :
Sion, voicy ton Roy tout éclatant de gloire
Qu'Abraham attendoit, & qui luy fut promis.

CANTIQUE

CANTIQUE DE ZACHARIE.
à la Circoncision de son Fils,
qui fut nommé Jean.

CANTIQUE DE ZACHARIE,

Qu'il prononça à la naiſſance de ſon fils ſaint Jean-Baptiſte.

Benedictus Dominus Deus Iſraël, &c.

BEny ſoit le Seigneur, qui d'un dur eſclavage
A finy le malheur,
Et vient de rétablir dans ſon propre heritage
David ſon ſerviteur.
Comme il avoit promis par tant de bouches ſaintes
Son ſecours eſt venu:
Ces ennemis puiſſans qui mépriſoient nos plaintes
Ne l'ont que trop connu.
Il n'a point oublié cette auguſte Alliance,
Ce ſacré Teſtament,
Qu'Abraham pour le prix de ſon obéïſſance
Obtint avec ſerment.
Dieu jura que ſorty d'une chaîne cruelle
Son peuple deſormais
Pourroit en liberté plein d'ardeur & de zele

Le ſervir à jamais.

Mais toy petit enfant que ſa main nous envoye,

Et qu'un ordre éternel

Deſtina de tout tems pour preparer la voye

Du Sauveur d'Iſraël.

Comme un flambeau, c'eſt toy qui doit marquer la trace

De ce Dieu deſiré,

Et montrer aux pecheurs dans les eaux de ſa grace

Leur ſalut aſſuré.

Il deſcend, vient vers nous, & ſa miſericorde

Efface nos forfaits.

Tous nos vœux ſont remplis, ſa bonté nous accorde

Une éternelle paix.

CANTIQUE DE SIMEON,

lorsque la Vierge presenta son Fils au Temple.

CANTIQUE,

Que prononça le Vieillard Simeon voyant nôtre Seigneur, lors que pour la premiere fois la ſainte Vierge le porta au Temple.

Nunc dimittis ſervum, &c.

SEigneur, puis que mes vœux enfin ſont ſatisfaits,
Et que mes yeux ont vû ce jour plein d'allegreſſe ;
Pour reſſentir l'effet de ta ſainte promeſſe,
Laiſſe aller mantenant ton ſerviteur en paix.

Voicy des Nations la lumiere éclatante,
Nos malheurs ſont finis, que puis-je deſirer ?
Celuy que nos ayeux nous ont fait eſperer,
Vient ſauver Iſraël & remplir nôtre attente.

Le ſalut qu'aujourd'huy nous obtenons des Cieux,
Détruit l'Ange orgueilleux qui nous livroit la guerre;
La gloire du Seigneur ſe répand en tous lieux ;
Le Sauveur de Sion l'eſt de toute la terre.

FIN.

Approbation de Monsieur Gerbais, Docteur de Sorbonne, nommé par Monseigneur le Chancelier pour lire cet Ouvrage.

J'Ay lû le Livre intitulé, *Essay de quelques Pseaumes & Cantiques mis en vers, enrichis de figures.* Le Octobre 1693.

GERBAIS.

Extrait du Privilege du Roy.

PAr grace & Privilege du Roy, donné à Versailles le 15. Novembre 1693. signé par le Roy en son Conseil LOUVET, Il est permis à Mademoiselle * * * de faire imprimer, vendre & debiter un Livre par elle composé intitulé, *Essay de quelques Pseaumes & Cantiques mis en Vers & enrichis de Figures*, pendant le temps de huit années, avec défenses à toutes personnes de quelque condition qu'elles soient de contrefaire ledit Livre, à peine de confiscation des exemplaires, de trois mille livres d'amende, & autres peines contenuës plus au long audit Privilege.

Registré sur le Livre de la Communauté des Libraires & Imprimeurs de Paris le 17. Novembre 1693.
Signé, P. AUBOUYN, *Syndic.*

Achevé d'imprimer le premier Decembre 1693.

www.ingramcontent.com/pod-product-compliance
Ingram Content Group UK Ltd.
Pitfield, Milton Keynes, MK11 3LW, UK
UKHW022024170726
13837UKWH00001B/386